E. H. Kanneborn
Schicksale des Kaffees

SEVERUS Verlag

Kanneborn, E. H. Schicksale des Kaffees. Die Entstehung der Kaffee-
kultur über die Jahrhunderte. 2019
Neuauflage der Ausgabe von 1844
ISBN: 978-3-96345-122-5

Korrektorat: Katharina Breu
Satz: Sarah Schwerdtfeger

Umschlaggestaltung: Annelie Lamers, SEVERUS Verlag
Umschlagmotiv: www.freepik.com

Bibliografische Information der Deutschen Nationalbibliothek: Die
Deutsche Nationalbibliothek verzeichnet diese Publikation in der
Deutschen Nationalbibliografie; detaillierte bibliografische Daten
sind im Internet über https://dnb.de abrufbar.

Der SEVERUS Verlag ist ein Imprint der Bedey & Thoms Media GmbH,
Hermannstal 119k, 22119 Hamburg

SEVERUS Verlag, 2019
http://www.severus-verlag.de
Gedruckt in Deutschland
Der SEVERUS Verlag übernimmt keine juristische Verantwortung
oder irgendeine Haftung für evtl. fehlerhafte Angaben und deren
Folgen.

E. H. Kanneborn

Schicksale des Kaffees
Die Entstehung der Kaffeekultur
über die Jahrhunderte

MIX
Papier aus verantwortungsvollen Quellen
Paper from responsible sources
FSC® C105338

Inhalt

Vorwort des Verlags 3

Vorwort..7

Schicksale des Kaffees 9

Illustrationen 37

Vorwort des Verlags

Der Kaffee – überall und zu allen Gelegenheiten getrunken – ist aus unserem Leben gar nicht mehr wegzudenken: Morgens bei der Arbeit, um die Montagsmüdigkeit zu vertreiben, als Genuss beim gemütlichen Beisammensitzen oder in den zahlreichen Cafés und Kaffeestuben weltweit. Der Wachmacher findet sich in jeder Kultur und an (fast) jeder Straßenecke.

Sogar Eingang in die Kunst hat das Getränk als Malmedium, oder etwa als Gegenstand der Dichtung gefunden (siehe etwa Seite 25 dieses Büchleins). Legenden und Sagen ranken sich um seinen Ursprung und seine Entdeckung. Kanneborns „Schicksale des Kaffees" beschäftigt sich mit dem Einzug der Kaffeebohne in Europa. „Was der Wein der poetischen Begeisterung, das ist der Kaffee der sinnigen Betrachtung", schreibt der Autor. Er bringe Menschen zusammen und Kanneborn stellt sich die Frage, wie Kaffee so schnell und so endgültig das Abendland erobert und seine heutige Bedeutung erlangt hat.

Zu Kanneborns Zeiten im 19. Jahrhundert begann das Getränk gerade erst zur Massenware zu werden. Denn jahrhundertelang war es in Europa als Importgut für die meisten unerschwinglich und wurde bis ins 20. Jahrhundert durch etwa Malzkaffee (auch Muckefuck genannt) oder Zichorienkaffee ersetzt. Heutzutage werden in Deutschland im Durchschnitt jeden Tag mehr als zwei Tassen getrunken – mit fast unbegrenzten Möglichkeiten, das koffeinhaltige Getränk zu genießen: Sei es Instantkaffee, Espresso (mit all seinen zuckrigen und milchigen) Abwandlungen, oder moderne Erfindungen wie etwa die Cold Brews.

Weltweit leben ca. 100 Millionen Menschen von Produktion und Verkauf des Kaffees. Das flüssige Gold ist das zweitwichtigste Exportgut neben Erdöl und ist vor allem in Südamerika, Asien und Afrika beheimatet. Die fünf wichtigsten Exporteure sind Brasilien, Vietnam, Kolumbien, Indonesien und Honduras. So hat die hat die Bohne bereits den halben Globus umrundet, bis wir in Deutschland eine Tasse Kaffee genießen.

Sarah Schwerdtfeger
SEVERUS Verlag

Den **Freundinnen** *und* **Freunden** *des* **e d l e n
K a f f e e s** *allerfröhlichst gewidmet*

vom **Ve r fa s s e r** .

Vorwort

Es sind nun gerade 200 Jahre, dass der Kaffee in Europa zuerst eingeführt und getrunken wurde, und diese säkulare Erinnerung ist die nächste Veranlassung zur gegenwärtigen geschichtlichen-Exkursion. Auch wird wohl manche unserer Leserinnen, eingedenk der Herrlichkeiten der Kaffeevisite, und mancher Leser, durchdrungen von dem Werte eines der glücklichsten Erbteile kultivierter Länder, des Kaffeehauses, nicht ungern etwas von den merkwürdigen Schicksalen und Verfolgungen vernehmen, welchen die unschuldigen Kaffeetrinker in einer längst entschwundenen Zeit preisgegeben waren. Obgleich nun der Kaffeetrinker keinen so alten Stammbaum, keine an lustigen und tragischen Abenteuern so reiche Geschichte aufzuweisen hat wie der Huldiger des Weines, dessen Geschichte G e r v i n u s ein so schönes Denkmal gesetzt hat, so sei es uns doch verstattet, den mannigfachen Schicksalen des allbeliebten Getränkes hier ein bescheidenes und anspruchsloses Denkmal zu widmen.

Was der Wein der poetischen Begeisterung, das ist der Kaffee der sinnigen Betrachtung; ein Freund ernsthaften und anhaltenden Nachdenkens, leitet er den Blick von den hohen Regionen idealer Phantasien herab auf den nützlichen Pflanzenacker und ist der Vater nüchterner Politik und Lebensweisheit. Dass dem wirklich so sei, und dass wir nicht etwa aus Freundschaft für die schätzbare Bohne die genannten Tugenden derselben übertreiben, wird die denkwürdige Erfindung und erste Verbreitung des Kaffeetrinkens am besten beweisen.

Schicksale des Kaffees

Der Entdecker des Kaffees kann eigentlich nicht mit Sicherheit angegeben werden. Die meisten behaupten, dass es ein Prior eines Mönchsklosters in Arabien gewesen sei. Durch wen und zu welcher Zeit die Zubereitung des Kaffees durch Rösten und Aufgießen bekannt wurde, hat die Geschichte nicht aufbewahrt. F a u s t u s N a i r o n , ein geborener Armenier und Professor der chaldäischen und syrischen Sprache in Rom, welcher im Jahre 1671 eine Abhandlung von dem Nutzen des Kaffees geschrieben, erzählt Folgendes von seiner Entdeckung. Ein Kamel- oder Geißhirt in Arabien klagte dem Prior, dass seine Tiere die ganze Nacht, gegen ihre sonstige Gewohnheit, lustig umhersprängen. Der Prior glaubte, dass diese Munterkeit wohl von ihrer Nahrung herrühren könne, untersuchte deshalb den Ort ihres Aufenthaltes, und fand ein kleines Bäumchen, von dessen Frucht die Tiere gefressen hatten. Er sammelte einen Teil dieser Frucht und kochte sie in Wasser zu einem Tranke, aus dessen Genuss er sich ermuntert und geneigter fühlte, am frühen Morgen die Betstunde einzuhalten. Diese folgenreiche Begebenheit verlegt unser Gewährsmann in das 10. Jahrhundert. Von dieser Zeit ab schweigen die Nachrichten über den Kaffee ein halbes Jahrtausend. G e m a l e d d i n , ein Araber von Geburt und Mufti zu Aden, traf auf einer Reise nach Persien im 15. Jahrhundert Leute aus niederen Ständen an, welche zu ihrem Vergnügen Kaffee tranken. Anfänglich achtete er nicht auf dieses Getränke; als er aber nach seiner Zurückkunft zu Aden seine Gesundheit geschwächt fühlte, erinnerte er sich dessen und ließ sich die Bohnen dazu senden, in der Hoffnung, durch diesen angeblich heilsamen Trank seine Gesundheit wieder herzustellen. Durch den Kaffeetrank erlangte er nun nicht nur seine Gesundheit, sondern er merkte dem Getränke noch andere treffliche Wirkungen ab, wie Munterkeit des Geistes und Verscheuchung der Schläfrigkeit. Darum führte er ihn auch bei seinen ihm untergeordneten Geistlichen ein, trank ihn mit den Derwischen bei Einbruch der Nacht, um die nötige Wachsamkeit zu ihren nächtlichen religiösen Übungen zu bewahren. Es dauerte aber nicht lange, so begannen Gelehrte, Kaufleute, Handwerker, kurz, fast alle Einwohner der Stadt Aden dem neuen Getränke zu huldigen. Ein bis dahin aus den Blättern des Kath bereiteter, allgemein beliebter Trank wurde gänzlich abgeschafft. Von Aden verbreitete sich das Kaffeetrinken nach Mekka. Auch hier machten die Derwische damit den Anfang, um sich bei ihrer nächtlichen Asketik wach zu erhalten. Bald wurde der Gebrauch des Kaffees in Mekka so allgemein, dass man anfing, ihn in besonders dazu eingerichteten Häusern (Kaffeehäuser) tassenweise gegen Bezahlung zu verabreichen, wozu sich denn alsbald Schachspiel und andere Unterhaltungsmittel gesellten. Es wurde daselbst musiziert, gesungen und getanzt, Dinge, welche dem Islam schnurstracks entgegen sind, aber nichtsdestoweniger hinter dem Rücken des Propheten verübt wurden. Von Mekka verbreitete sich der Kaffee nach Medina; von da um den Anfang des 16. Jahrhunderts nach Ägypten, vorzüglich nach dessen Hauptstadt Kairo, wo er ebenfalls wieder von den Derwischen eingeführt wurde. Aus einem großen, roten, irdenen Gefäße wurde ihnen der-

Illustration des Kaffeegenusses im arabischen Raum

selbe von ihren Vorgesetzten in Tassen eingeschenkt, welche sie ehrerbietig aus den Händen der Letzteren empfingen. Viele Andächtige und Gelehrte ahmten ihr Beispiel nach, um sich für Gebet, ernste Studien und subtile Betrachtungen wachsam zu erhalten. Bald wurde der Gebrauch des Kaffees auch hier allgemein.

Das Jahr 1511 war verhängnisvoll für unser Getränke. Der von dem ägyptischen Sultan in Mekka eingesetzte Khairbeg (Statthalter) sah einst nach dem Abendgebete in einer Ecke der Moschee Leute sitzen, welche lustig und geschäftig dem Kaffee zusprachen, um sich zur Wachsamkeit und zum Gebete zu stärken. Er glaubte anfangs, dass sie Wein tränken, war aber nicht weniger unwillig, als er vernahm, dass dieses Kaffee sei, ein Getränke, welches stark und munter mache. Er befahl diesen Leuten, sich keinen Augenblick weiter in dieser Absicht in der Moschee aufzuhalten, berief am folgenden Morgen eine große Versammlung von Muftis, Heiligen und Ältesten der Stadt, und erzählte ihnen, was er gesehen, mit der Bemerkung, dass er den Gebrauch dieses Getränkes abzuschaffen entschlossen sei. Die Lehrer des Gesetzes räumten ein, dass das Vorgefallene der Lehre des Islams allerdings entgegen, mithin eine Maßregel gegen das Trinken des Kaffees zu nehmen sei; dass aber über dessen Schädlichkeit in leiblicher und geistiger Hinsicht die Ärzte zu befragen seien. Zwei deshalb befragte Ärzte, geborene Perser, geübter in der Dialektik als erfahren in der Medizin, von welchen der eine sogar ein Traktätchen gegen das Kaffeetrinken geschrieben, weil es ihm, wie ein arabischer Autor berichtet, seine Praxis verminderte, sprachen sich für die Schädlichkeit des Kaffeetrinkens aus. Ein Lehrer in der Versammlung entgegnete, dass schon der berühmte arabische Arzt B e n   G i a z l a h behauptet habe, dass der Kaffee die Feuchtigkeit verzehre, mithin unschädlich sei. Dem ward aber entgegnet, dass dieser alte Arzt von einem anderen Gewächse gesprochen habe, und dass der Gebrauch des Kaffees zu verbotenen Dingen führe, folglich von jedem rechtgläubigen Moslem zu verabscheuen sei. Da erwachte der fromme Eifer der Übrigen, und viele derselben gingen so weit zu behaupten, dass der Kaffee sie berauscht habe. Einer der Eiferer verglich ihn sogar mit dem Weine, zog sich aber hierdurch eine Dosis Stockschläge zu, da man aus seiner vorgetragenen Parallele den schweren Argwohn zog, dass er einmal Wein gekostet haben müsse. Umsonst versuchte der Mufti von Mekka, ein Theologe und Jurist von Fache, den Kaffee zu schützen; der Gouverneur, welcher sich von seinem skrupulösen Iman leiten ließ, behielt die Oberhand, und der Kaffee wurde als ein gesetzwidriges Getränke feierlich verdammt, alle Kaffeehäuser geschlossen, und das darüber abgefasste Urteil an den Sultan von Ägypten zur Bestätigung gesandt. Gleichzeitig ließ der Gouverneur ein ausdrückliches und feierliches Verbot ergehen, weder öffentlich noch insgeheim Kaffee zu verkaufen oder zu trinken, bei der Strafe, so diejenigen zu gewärtigen hätten, welche die sonstigen Religionsgesetze überträten. Doch – verbotene Frucht schmeckt süß, und die Frucht des Kaffees macht keine Ausnahme; noch beliebter wurde das geächtete Getränke, täglich größer die Zahl seiner Verehrer. Die Einwohner von Mekka hatten überdies Kunde davon erhalten, dass jenes Verbot gegen den Willen des Mufti erlassen war, was ihr Gewissen umso mehr beruhigte. Indessen wurde eine Privatperson, die man in ihrem Hause auf der Tat ertappt hatte, sehr hart bestraft, sodann auf einen Esel gesetzt und über die öffentlichen Plätze geführt.

Doch wie noch nie ein Verfolger des Rebengottes ein glückliches Ende genommen, so auch die Feinde des unschuldigen Kaffeetrankes, dessen anonyme Göttin ihn sichtlich beschützte. Der scheinheilige Statthalter, dieser mahometanische Pharisäer, erhielt Befehl von dem Sultan, sein Verbot sofort zu widerrufen, wurde dann ein Jahr später der Erpressung und Beraubung der Untertanen überwiesen und hingerichtet. Auch die beiden persischen Ärzte, welche an der Einführung des Kaffeeverbotes einen so tätigen Anteil genommen, wurden jetzt, nach der Emanzipation des Kaffees, Gegenstand des Volkshasses, und begaben sich nach Kairo, wo sie beleidigender Reden gegen die Person des türkischen Kaisers, S e l i m **I**., welcher eben Ägypten erobert hatte, beschuldigt, und auf dessen Befehl hingerichtet wurden. Jener großherrliche Befehl zur Zurücknahme des Kaffeeverbotes soll auf Betreiben der Kaufleute und Kaffeewirte zu Kairo erfolgt sein. Nach der Wiedereinführung des Kaffees zu Mekka blieb derselbe eine Zeitlang hier unangefochten, zumal die öffentlichen Häuser, welche seinem Genusse gewidmet waren, sich durch Ordnung der Einrichtung und anständiges Betragen ihrer Gäste auszuzeichnen begannen.

Im Jahre 1523 versuchte wieder ein Lehrer des Gesetzes einen Angriff auf den Kaffee, jedoch ohne Erfolg. Zehn Jahre später aber eiferte ein Prediger wiederum sehr heftig gegen denselben, und als dieser behauptet hatte, dass der Kaffee im Gesetze verboten und seine Huldiger keine Gläubigen seien, so wurden alle Zuhörer dermaßen begeistert, dass sie ihren frommen Eifer tatkräftig zu bewähren sich bewogen fühlten, in den an die Moschee stoßenden Kaffeehäusern alle Kaffeetöpfe und Tassen in Stücke schlugen, und die ganze Trinkgesellschaft mit Prügel traktierten. Es entstanden nun zwei

Parteien, die eine für, die andere gegen den Kaffee. Da verordnete der Kadi den Zusammentritt eines weisen Rates, ließ alle des Koran Kundigen zu sich entbieten, und legte ihnen die Frage des Tages vor, worauf die allgemeine Sentenz dahin ausfiel, dass der Kaffee unschädlich und durch das Gesetz nicht verboten sei. Der Kadi, selbst ein Freund des Kaffees, ließ, um die Morgenröte einer neuen und heitern Kaffeeperiode feierlich zu begrüßen, die ganze Gesellschaft mit Kaffee bewirten, trank selbst mit, und alle Gemüter waren beruhigt und guter Dinge. Das letzte gegen die Kaffeegesellschaften und Kaffeehäuser gerichtete Bedenken wurde durch das Beispiel des Propheten beseitigt, der ja ebenfalls mit seinen Freunden in Gesellschaft, obgleich nur Milch, getrunken hatte.

Obgleich nunmehr die türkischen Beamten, welche das Kaffeetrinken für eine sündliche Handlung hielten, dasselbe nicht mehr verhindern konnten, so zeigten doch mitunter vorkommende fromme Gemütsreaktionen, wie gerne sie ihrem Unmute durch kleinliche Rache an den Kaffeetrinkern Opfer brachten. So z. B. wurden zur Zeit des Ramadan (Fastenmonat) die des Nachts in einem öffentlichen Kaffeehause versammelten Gäste durch einen rechtgläubigen Polizeimann verhaftet und am folgenden Tage mit der Bemerkung durch die Bastonade erquickt, dass sie den Kaffee öffentlich in einer der Andacht bestimmten Stunde getrunken hätten.

Von Ägypten und Arabien verbreitete sich der Gebrauch des Kaffees nach Syrien, besonders den Städten Damaskus und Aleppo. Um das Jahr 1554 gelangte er nach Konstantinopel. Zwei Kaufleute, Schem von Damaskus und Hekem von Aleppo, errichteten jeder ein Kaffeehaus zu Konstantinopel in dem Stadtviertel Takhtacalah, in welchen man, wie noch heute, jede

Tasse, ohne Zucker und Milch, mit einem Asper oder drei Pfennigen bezahlte. Gelehrte, Dichter, Freunde des Schachspiels besuchten zuerst die Kaffeehäuser, welche die Türken noch jetzt Cavehkaneh nennen.

Schnell vermehrten sich diese öffentlichen Häuser, und Beamte, schöne Geister, Muderris, abgesetzte Kadis und junge Studierende strömten dorthin, um sich in Mußestunden zu erholen. Um dem Ansehen der Kaffeehäuser einen raschen Aufschwunge zu geben, wurden diese endlich auch von vornehmen Herren von der Pforte, Bassen, Serailbedienten usw. besucht; denn diese Etablissements boten die schöne Gelegenheit dar, sich die Langeweile zu vertreiben, Bekanntschaften zu machen, und um einen geringen Kostenaufwand sich angenehm zu unterhalten. Aber man genoss hier nicht den Kaffee um besser zu wachen und zu beten wie in Mekka; im Gegenteil der Besuch der Moscheen nahm durch das Emporblühen der Kaffeehäuser sichtlich ab. Die Imans und Derwische eiferten nun gegen den Besuch dieser Häuser und stellten die Behauptung auf, dass es eine kleinere Sünde sei, in eine Weinschenke als in ein Kaffeehaus zu gehen. In einem Aufsatze an den Mufti behaupteten sie, dass der Kaffee ein berauschendes Getränke, deshalb nach Mohammeds Gesetze verboten sei. Der Mufti, welcher gegen die Logik dieses Schlusses nichts einwenden konnte, verbot das Kaffeetrinken sowohl in Privat- als in öffentlichen Häusern und durch Polizeiagenten wurden die Letzteren sämtlich geschlossen.

Doch auch dieses Verbot reizte nur noch mehr zum Genusse der unerlaubten Frucht, und da die Behörden wussten, dass allenthalben insgeheim Kaffee getrunken wurde, da gestattete man gegen Erlegung einer Steuer, was polizeiliche Gewalt nicht verhindern konnte, nur öffentlich sollte der Kaffee nicht verkauft werden. Bald darauf kam ein neuer Mufti an die Spitze des Klerus, welcher wohl selbst dem Kaffee sehr zugetan sein mochte; dieser gab dem Gesetze eine mildere Auslegung und gestattete wieder die Eröffnung der Kaffeehäuser, deren nun noch eine größere Menge als zuvor auftauchte. Der Kaffee war emanzipiert; der Klerus und alle frommen Muslime tranken ihn behaglich ohne alle Gewissensregung, und Hof und Stadt folgten ihrem Beispiele. Die Vermehrung dieser öffentlichen Häuser reizte die Habgier der Großwesirs, täglich ein oder zwei Zechinen von jedem Hause als Abgabe zu erpressen, wobei noch fortwährend die Tasse Kaffee zu dem geringen Preise von einem Asper verabreicht wurde, was sich nur durch die erstaunliche Menge der Gäste begreifen lässt. Man bemerkte bald, dass die Unterhaltungen der Kaffeetrinker ernsteren und würdigeren Inhalts waren als die der Weintrinker; bei der Kaffeekanne und Tabakspfeife wurden die politischen Fragen des Tages einer gründlichen Debatte unterworfen; kurz die öffentliche Meinung hatte hier ihren Mittelpunkt gefunden. Die Staatsbeamten, welchen der dichte Mantel bürokratischer Geheimtuerei noch nicht wie heutigen Tages verliehen war, dienten hier als lebendige Zeitungen, wie als Leiter der politischen Gesinnung. Als während der Minderjährigkeit M o h a m m e d **IV.**, um die Mitte des 17. Jahrhunderts, der Großwesir Köprülü einst verkleidet in ein solches Haus kam, traf er hier nur ernsthafte Männer, welche die Maßregeln der Regierung zur Zeit des für die Türken bedenklichen Krieges in Candia tadelten, und überhaupt eine ihn überraschende Freimütigkeit politisierender Gäste. Er ging hierauf in Weinschenken; dort fand er aber nur Soldaten und junge Leute, welche von Liebe und Heldentaten sprachen, lustige Lieder sangen und sich überhaupt Unterhaltungen überließen, an welchen kluge Staatsmänner keinen Anstoß zu nehmen pflegen. Da erkannte der umsichtige Staatsmann, dass der Wein ein unschuldiger Geselle, der den Menschen allenfalls das politische und häusliche Elend aus den Augen rückt, der Kaffee aber ein gefährlicher Demagoge sei. Alle Kaffeehäuser wurden hierauf von diesem uneigennützigen Manne, welchem sie ein bedeutendes Einkommen brachten, abgeschafft und blieben es in Istanbul im ganzen siebzehnten Jahrhundert. Nur in den Hauptstraßen durfte, wie bei uns auf den Jahrmärkten, Kaffee geschenkt werden. Auf die übrigen Städte des osmanischen Reiches erstreckte sich jedoch dieses Verbot nicht; ebenso wenig auf den Privatgenuss des Kaffees in der Hauptstadt, wo seine Beliebtheit bis auf unsere Tage in steigender Progression begriffen ist, und die Kassen der Cafetiers einen würdigen Platz neben denen der Pariser verdienen.

Bei den vornehmen Türken empfängt der Herr den Kaffee aus den Händen des Kammerdieners, welchem er von dem Kaffeebedienten überreicht wird.

Der bloß und allein zu diesem Dienste bestimmte Kammerdiener (Irchoglans) bewirtet auch, auf den leisen Wink des Herrn, die Gäste desselben mit Gewandtheit und Anstand. Der Herr vom Hause erhält seine Tasse zuletzt, ausgenommen der Großwesir, wenn er Audienz erteilt, wo dann er ihm mit den Abgesandten zu gleicher Zeit präsentiert wird. Empfängt einer der Anwesenden keinen Kaffee, so ist dieses ein Zeichen der Ungnade des Großwesirs und deutet bei diplomatischen Personen einen bevorstehenden Friedensbruch an.

Die Türken trinken den Kaffee sehr stark und heiß, ohne Zusatz von Milch und Zucker, würzen ihn aber auf verschiedene Weise, wie durch Zusatz einer Gewürznelke, des Sternanises, der kleinen Kardamome, und die Vornehmen auch wohl durch den Zusatz eines Tropfens Umbraessenz.

Zu welcher Zeit der Kaffee und sein Gebrauch zur Kenntnis des Abendlandes gelangt sei, lässt sich nicht genau bestimmen. L e o n h. R a u w o l f, ein deutscher Arzt, welcher den Orient bereiste, gibt in seiner im Jahre 1583 gedruckten Reisebeschreibung folgende Nachricht über denselben: „Unter andern habens zu Aleppo ein gut Getränk, welches sie hochhalten, C h a u b é von ihnen genennet. Das ist gar nahe wie Dinten so schwarz, und in Gebresten, sonderlich des Magens, gar dienlich. Dieses pflegens am Morgen frü, auch an offenen Orten, vor Jedermenniglich, ohne alles Abscheuen, zu trinken aus irdenen und porzellanischen tiefen Schälein, so warm als sie's könen erleiden; setzen oft an, thun aber kleine Trünklein, und lassens gleich weiter, wie sie neben einander im Kreis sitzen, herum gehen." „Dieses Trank ist bei jenen sehr gemein, darumb dann deren, so da solches ausschenken, wie auch der Krämer, so die Frucht verkaufen, im Bazar hin und wieder nit wenig zu finden. Zu dem so haltens das auch wohl so hoch und gesund seyn, als wie bei uns irgend den Wermuthwein." – P r o s p e r A l p i n u s brachte ihn zuerst von Ägypten nach Venedig und veröffentlichte eine Abhandlung über denselben mit Abbildungen des Kaffeebaumes im Jahre 1592. Später erwähnte seiner auch C h r. v. R e i t z s c h i t z, welcher in der ersten Hälfte des 17. Jahrhunderts den Orient bereiste, mit folgenden Worten: „Im Kloster zu Kairo ward mir das schwarze Getränk, Caffa genannt, vorgesetzt. Dasselbe ist ganz schwarz, dicke und siedend heiß, und wird auch also getrunken. Dem Geschmacke nach ist es, als wenn harte Rinden Brot drinnen gesotten oder gekocht wären, soll aber gar gesund, und der Gesundheit sonderbar fürträglich zu trinken sein." – Die ersten Kaffeehäuser des Abendlandes waren um den Anfang des 17. Jahrhunderts zu Venedig, in welchen jedoch weder Stühle noch Bänke geduldet wurden. In Frankreich war Marseille die Stadt, wo der Kaffee zuerst in Aufnahme kam. Einige vornehme Personen, welche den Herrn d e l a H a y e nach Konstantinopel begleitet hatten, brachten bei ihrer Zurückkunft im Jahre 1644 Kaffeebohnen nebst den zur Bereitung und dem Genusse desselben nötigen Gerätschaften mit, die sehr kostbar waren. Im Jahre 1660 wurden einige Ballen Kaffees ans Ägypten dort eingeführt, wodurch er eine größere Verbreitung im Publikum erlangte. Im Jahre 1671 endlich entschlossen sich einige Privatpersonen zu Marseille ein Kaffeehaus an der Börse zu errichten, welches Unternehmen einen lukrativen Erfolg hatte, und bald entstanden deren noch mehrere. Besucht wurden dieselben anfangs nur von Kaufleuten aus der Levante sowie von Seeleuten, welche hier ihre Angelegenheiten besprachen, wobei denn auch geraucht und gespielt wurde. Die Bereitung des Kaffees geschah durch Orientalen. Einige Zeit nachher wurde der Genuss des Kaffees in Marseille allgemein bekannt und beliebt, die Zahl der Kaffeeschenken vermehrte sich bedeutend und die ganze Bourgeoisie nahm dorthin ihren Zugang. Doch auch in dem hochgebildeten und aufgeklärten Abendlande sollte der Kaffee vor dem Antritte seines nie erlöschenden Weltregiments noch erst einen Kampf bestehen. Es war dieses aber nicht ein religiöser wie in Mekka, auch kein politischer wie in Konstantinopel, sondern ein Angriff von Seiten der Sanitätsmänner. Als nämlich einige Ärzte bei den Kaffeefreunden bedenkliche Äußerungen über die Folgen des Kaffeetrinkens machten, wurden ihnen, statt des Dankes für die Warnung, nachdrückliche Unarten zuteil. Die Jünger Äskulaps machten hierauf den Kaffee zum Gegenstande einer Disputation, bei der Promotion eines jungen Arztes am 27. Februar 1669. Man stritt hin und her und das Endurteil lautete in Gegenwart des Magistrats auf dem Rathause endlich dahin, dass der Kaffee alle möglichen schädlichen Eigenschaften besitze, die Nerven schwäche und Schwermut verursache. Endlich wurde der Kaffee feierlich verdammt und geächtet und – lieblicher noch fand man das Getränke, zu dessen Schutze sich nun Alt und Jung vereinigte.

Von Marseille dehnte sich sein Siegeszug nach Lyon, sodann nach Paris aus, wo er im Jahre 1669 eine allgemeine Popularität gewann. S o l i m a n   A g a, Gesandter M e h m e d s **IV.**, brachte mit seinem Gefolge eine erstaunliche Menge Kaffeebohnen mit und bewirtete alle Personen damit, welche ihm Besuche abstatteten. Hier begann man erst, ihm Zucker und Milch zuzusetzen. Zwei Jahre später errichtete ein Armenier namens P a s c a l ein Kaffeehaus auf dem St. Germain Platze zu Paris; da er aber schlechte Geschäfte machte, so ging er nach London.

Seine zwei Gehilfen, G r e g o i r e und P r o c o p e, etablierten später, dem französischen Komödienhause gegenüber, ein Kaffeehaus, welches bis auf den heutigen Tag **„Café Procope"** heißt. Jenem Armenier folgten verschiedene andere Armenier und Perser, welchen aber die zur Bewirtung anständiger Leute notwendige Bildung mangelte, weshalb ihre Kaffeehäuser wieder eingingen. Am Ende des Jahrhunderts wurden zwei Kaffeehäuser eröffnet, wovon das eine von dem Militär, das andere von gebildeten Leuten aus dem Zivilstande besucht wurde. Nach und nach fanden diese Etablissements einen so großen Beifall, dass ihre Zahl zu Paris jetzt bis gegen 6000 angewachsen ist.

So lange die Kaffeehäuser nur im Besitze von Ausländern waren, wurden selbige jedoch von Gebildeten selten besucht, da auch Bier dort getrunken und oft schlechter Tabak geraucht wurde, auch die Bedienung nicht allzu reinlich war. Als nun aber einige Franzosen elegante Kaffeehäuser anlegten, in den Zimmern Tapeten, Marmortische, große Spiegel, Gemälde und Wandleuchter anbrachten, als sie endlich noch Tee, Schokolade, Konfitüren, feine Liköre und andere Erfrischungen zugleich dort verabreichten, da wurden die in prächtige Säle verwandelten Kaffeebuden der Sammelplatz der Zeitungsleser, Kaufleute, schönen Geister und der gelehrten Abbés, welche hier ohne Zwang sich unterhalten konnten, auch ihr Licht nicht unter einen Scheffel zu stellen pflegten; und mit dem Aufschwunge der Kaffeehäuser wuchs auch täglich ihre Zahl.

Im Jahre 1694 kam das Lustspiel **„Le Café"** auf das Theater, jedoch ohne den Beifall des Publikums zu ernten. 1700 erschienen die Kaffeegespräche unter dem Titel **„Le Portefeuille galant"**, eine Art Monatsschrift, voll ungeschickter Späße und langweiliger Klatschereien, und deshalb ohne Beifall und ohne Fortsetzung. Vor dem Anfange der ersten französischen Revolution finden wir hervorragende Geister, unter anderen D i d e r o t , im Kaffeehause, als dem Lieblingsaufenthalte gebildeter Männer. Was die Stoa in Athen den griechischen, das waren die Kaffeehäuser den französischen Philosophen. Auch sind die Kaffeehäuser zu Paris zur Zeit der Revolution Zeugen inhaltsschwerer Unterredungen gewesen.

Von Paris verbreitete sich der Kaffee schnell in alle bedeutenden Städte Frankreichs und von dort in kurzer Zeit in fast alle anderen Länder Europas. Den Engländern soll er jedoch schon früher als den Franzosen bekannt geworden sein; namentlich soll ein Londoner Kaufmann, E d w a r d s , einen griechischen Bedienten namens P a s q u a aus der Türkei mitgebracht haben, welcher den Kaffee zu brennen und zu kochen verstand und im George-Yard in der Lombardstraße ein Kaffeehaus errichtete. In den englischen Gesetzen (**Statute Books**) geschieht des Kaffees zuerst im Jahre 1660 Erwähnung, dass nämlich jeder Verkäufer 4 Pence Abgabe von der Gallone Kaffee bezahlen müsse.

1675 wurden auf Befehl Carl **II.** alle Kaffeehäuser, als den Aufruhr begünstigende Anstalten, geschlossen, welcher Befehl jedoch nach einigen Tagen widerrufen wurde. Über das erste Erscheinen des Kaffees in Deutschland ist wenig bekannt; man weiß indessen, dass 1694 zuerst roher Kaffee in Leipzig eingeführt wurde. In Wien wurde das erste Kaffeehaus bereits im Jahre 1683 durch einen aus der Türkei zurückkehrenden Polen namens K o l s c h i n s k y 1 errichtet.

Vielfach wurde noch immer in Gesellschaften sowohl als auch in eigenen Flugschriften darüber gestritten, ob der Kaffee gesund oder ungesund sei; doch fand er in den verschiedenen Ländern Europas im Ganzen mehr warme Verteidiger als leidenschaftliche Widersacher. Der türkische Dichter B e l i g h i besang in einer Art von Sonett die Schicksale und trefflichen Eigenschaften des Kaffees. H e c q u e t spöttelt in seinem „**Traité des Dispenses de Carême; à Paris chez Léonard, en 1709**" über die Franzosen, dass sie auf Arabisch tränken und einen barbarischen Geschmack angenehm fänden. Als der eifrigste Zoilus des Kaffees dagegen zeichnet sich

---

1   Anm. d. Verlags: An dieser Stelle ist vermutlich Georg Franz Kolschitzky gemeint.

Eine Kaffeepikade in Brasilien

Daniel Duncan von Rotterdam aus, welcher 1705 in einer französischen Abhandlung grobes Geschützt gegen ihn entsandte.2 Dagegen wurde der Jesuit Banière von dem Kaffee zu einem Gedichte begeistert, betitelt **„Praedium rusticum"** (der Meierhof), worin er unter anderem den Kaffee als das beste Mittel gegen den Katzenjammer empfiehlt. Eine Kantate von Fuzelier über den Kaffee wurde von Bernier sogar in Musik gesetzt. Auch der Name Beintemas muss hier mit Ehren genannt werden, welcher in einer Apologie des Tabaks, dem Kaffee gelegentlich eine Lobpredigt hielt.3

Ein aus dem Arabischen stammendes Lied setzt die günstige Meinung der Araber vom Kaffee in ein helleres Licht:

> *Der Kaffee erfreut des Menschen Herz*
> *Und stillt den Kummer und den Schmerz.*
> *Er ist der Männer Wunsch und Streben,*
> *Die nur den Wissenschaften leben.*
>
> *Der Fromme liebt den süßen Trank;*
> *Denn wird ein Diener Gottes krank,*
> *So fordert er den Trank der Bohne,*

---

2 Seine Abhandlung ist betitelt: „Traité sur l'abus du Café, du Chocolat et du Thé. Roterdam, 1705. 8." und wurde in die deutsche und englische Sprache übersetzt..

3 Sein Buch ist 139 Oktavseiten stark und trägt den Titel: „J. J. W. Beintema, Medicinae berühmten Doctoris im Haag, vernünftige Untersuchung der Frage: ob Galanten und andern Frauenzimmern nicht eben sowohl, als denen Mannes-Personen Tobak zu rauchen erlaubt, und ihrer Gesundheit nützlich sey? Nebst einer Vorrede von der Vortreflichkeit des Thees und Caffees, aufs neue herausgegeben von Justino Ferdinando Rauchmann, Medicinae Practico. Frankfurth und Leipzig, zu finden bey Joh. Friedrich Rittern, 1743."

Dass sie ihm mit Gesundheit lohne.

Nicht jeder ihn zu kochen weiß!
Ein guter Kaffee fordert Fleiß.
Ein Moschusduft muss ihm entsteigen
Und seine Farb' der Tinte gleichen.

Der Mensch wird kurz und hochgelehrt,
Der viele heiße Tassen leert.
Er lernt die reine Wahrheit kennen
Und kann sich dreist den Weisen nennen.

Wer ihn zu trinken nicht versteht,
Wer gar ihn hasst und ihn verschmäht,
Der ist mit Recht nur zu beklagen.
Gott hat mit Wahnsinn ihn geschlagen.

Der Kaffee ist des Lebens Gold.
Wo wir ihn trinken, sind uns hold
Die edlen Männer und die Weisen,
Mit denen Gottes Macht wir preisen.

Auch aus einem im Jahre 1747 gedruckten, apologetischen Gedichte „Der Kaffeetist" wollen wir dem Leser einige Proben mitteilen, welche zugleich als Beispiel damaligen Versmaßes dienen können:

Ein andrer liebe teure Weine,
Ein andrer liebe starkes Bier,
Ich ziehe beiden doch alleine
Den warmen Trank der Bohnen für,
Die uns von weit entfernten Enden
Die Araber und Türken senden.

Illustration des Kaffeegenusses im chinesischem Raum

Man setzt den Tisch, darauf die Schalen,
Vom feinsten Dresdner Porzellan,
Die mit weit schönern Farben prahlen,
Als China selbst nicht liefern kann,
Und mit viel bessrer Zeichnung prangen,
Als wir von Japan her empfangen.

Doch die ihn so verwegen schelten
Die kennen seine Tugend nicht;
Drum kann ihr Zeugnis gar nichts gelten,
Weil ihm ein rechter Grund gebricht;
Es rührt vielmehr aus Vorurteilen
Und ungeprüftem Übereilen.

Es geht ihm so, wie andern Dingen,
Die Gott zu unserm Nutz bestimmt,
Die Vorteil oder Schaden bringen,
Wie sie der Mensch gebraucht und nimmt:
Man wird dies an der Fieber-Rinden,
Milch, Honig, Wein und Zucker finden.

Dann sicher recht in diesen Sachen
Ein Wunder, so verehrenswert;
Doch können sie uns elend machen,
Wenn man nicht recht damit verfährt:
Man muss das Übermaß vermeiden
Und den Gebrauch vom Missbrauch scheiden.

Die allerbesten Arzeneien
Sind öfters der Natur ein Gift;
Gift kann hingegen wohl gedeihen,
Wenn er den rechten Umstand trifft:
Der Mittel Nachteil oder Segen
Ist an Natur und Zeit gelegen.

Die Türken, Perser, Sarazenen,
Die Völker an dem roten Meer,
Und von den staubichten Sirenen,
Die lieben diesen Trank so sehr,
Dass sie ihn unentbehrlich nennen
Und ohne ihn nicht leben können.

Sie trinken ihn zu ganzen Tagen
Und werden grau und dabei;
Sind auch von manchen schweren Plagen
Der siechen Europäer frei,
Die sich mit Wein und Bier erhitzen
Und in dem Müßiggang versitzen.

Gesegnet seid ihr, werte Bohnen!
Euch triff ein holder Sonnenschein;
Euch müsse Reiff und Frost verschonen
Und eurer Frucht nicht schädlich sein.
Damit ihr wachset und gedeihet
Und manches Menschen Herz erfreuet.

Die Karavanen, die euch holen,
Wann sie vereint nach Mekka ziehn,
Sein Gottes Macht-Schutz anbefohlen,
Dass alle Räuber ferne fliehn,
Noch sich an die Kamele wagen,
die den Kaffee geladen tragen.

Wer den Kaffee zuerst erfunden
Und unsern Vätern kund gemacht,
Dem sei jetzt unsre Welt verbunden,
Die Nachwelt auch darauf bedacht,
Sein Angedenken zu erneuern
Und es aus Dankbarkeit zu feiern.

*Lasst dem Erfinder dieser Bohnen
Violen, Krokus, Rosmarin,
Vergissmeinnicht und Anemonen
Um seine Gruft, zum Ruhme, blühn:
Lasst Balsam, Wein und Honig fließen,
Ja, lasst sie mit Kaffee begießen.*

*Lasst auch dabei ein Lied ertönen,
So hoch die Kunst es zwingen kann,
Und ruft den Beistand der Kamönen
Mit größtem Ernst und Eifer an,
Damit die Arbeit wohl gelinge
Und das Gedichte lieblich klinge.*

*Er kann den Leib zur Pflicht gewöhnen,
Und öffnet das verschloßne Thor,
Bringt wiederum, bei bleichen Schönen,
Die Rosen ordentlich in Flor,
Und lässt die unbeerbten Frauen
Die Blüten süßer Hoffnung schauen.*

In Deutschland ist die Zahl der Kaffeehäuser gegen die bedeutende Anzahl derselben in England und Frankreich unbedeutend. Ihrer äußeren Ausstattung wird in Deutschland keine besondere Sorgfalt gewidmet; auch die Pracht der ungarischen und der Wiener Kaffeehäuser ist neben den auf das Geschmackvollste und mit orientalischem Luxus ausgestatteten Kaffeehäusern zu Paris kaum der Beachtung wert. Sehr verschieden sind auch die Getränke und Erfrischungen, welche in den Kaffeehäusern der verschiedenen Gegenden Deutschlands Gegenstand der Verabreichung sind. In den silbenlosen Berliner Kaffeehäusern sieht man alles, nur keinen Kaf-

Lagerhäuser in der Hamburger Speicherstadt

fee, in den Hamburger mehr Punsch und Grog und in den bayrischen mehr Bier als Kaffee trinken.

Es ist bei einer näheren Betrachtung dieser Anstalten nicht zu verkennen, dass das Gedeihen und die Blüte derselben nicht sowohl durch den Geschmack des Publikums am Kaffee, als vielmehr durch das Interesse desselben an der Zeitungspolitik und den Fragen des Tages ins Dasein tritt. Die billardspielenden Fashionables und müßigen Musensöhne müssen unter anderen zu den kräftigsten Stützen derselben gerechnet werden.

Die Holländer besitzen, nach Boerhaaves Zeugnis, den Verdienst, den ersten Kaffeebaum nach Europa gebracht zu haben. Nicolaus Witsen, Bürgermeister zu Amsterdam, schrieb dem holländischen Gouverneur van Hoorn zu Batavia, er möge doch aus Mokka im glücklichen Arabien Kaffeebohnen kommen und dort säen lassen. Der Gouverneur folgte seinem Rate und ließ im Jahre 1690 zu Batavia den ersten Kaffee anbauen, erhielt sehr viele Kaffeebäume und schickte einen derselben an den Bürgermeister Witsen, welcher ihn dem botanischen Garten zu Amsterdam schenkte, dessen Gründer er war. Sein Gedeihen war vortrefflich und aus seinen Samen gewann man wieder viele junge Bäumchen. Im Jahre 1714 machte der Magistrat zu Amsterdam dem Könige von Frankreich, Ludwig **XIV.**, einen Kaffeebaum zum Geschenke. Er wurde nach Marly in den königlichen Garten gebracht, wo ihn der berühmte Botaniker Jussieu beschrieb. 1718 begann man in der holländischen Kolonie Surinam in Amerika, Kaffee zu bauen; 1725 verpflanzten ihn die Franzosen nach Martinique, von wo aus er sich bald auf die benachbarten Inseln verbreitete. Es wurden damals nämlich dem Schiffskapitän de Clieur drei Kaffeebäumchen zur Überführung nach Martinique

Kaffeepflanzung in Sumatra

übergeben. Von diesen dreien aber starben zwei auf der Reise ab und das dritte wurde nur dadurch gerettet, das Herr d e C l i e u r seinen letzten Vorrat von Trinkwasser mit ihm teilte. Dieser schönen Handlung des Kapitäns verdanken die Franzosen ihre reichen Plantagen. Im Jahre 1732 hatten die Engländer schon Kaffeebäume zu Jamaika, wo die fernere Kultur desselben durch einen Parlamentsakt beschlossen und verwirklicht wurde.

Und so erlangte denn, teils durch die Fürsorge der Regierungen des europäischen Westens, teils durch die Industrie der Pflanzer und der Kaufleute, die unschätzbare Kaffeepflanze nach und nach die zahllose Vervielfältigung, in welcher wir sie heute in den heißen Himmelsstrichen erblicken. Glorreich bestand der unschuldige Kaffee die gefährlichen Kämpfe mit den Muselmännern und den Ärzten; die Parteien sind alle mit ihm ausgesöhnt. Nur von Seiten der Ärzte hat er mitunter noch Plänkeleien zu bestehen. Doch sollen auch sie, wie die Sage geht, schon vielfältig, wenngleich insgeheim, mit ihm fraternisieren; und so dürfte der Tag nicht mehr fern sein, an dem der freundliche Schöpfer der frohen Laune und des sinnigen Gedankens mit erhabenem Haupte unangefochten unter uns weilen wird, herrlich im Glanze der Unschuld, umkränzt mit dem Lorbeer des Sieges.

Illustrationen

S.11, 27 – Zeichnungen aus „Dufour, Philippe Sylvestre; Colmenero de Ledesma, Antonio; Spon, Jacob; Drey neue curieuse Tractätgen vom dem Trancke Afe. Budissin 1686.

S.24 – Canstatt, OScar: Brasilien. Land und Leute. Hamburg 2013.

S.31 – Bedey, Björn: Ansichten des Hamburger Hafens aus dem 20. Jahrhundert. Hamburg 2017.

S.33 – Hagenbeck, John: Indonesien. Südasiatische Fahrten und Abenteuer. Hamburg 2015.

Weitere Titel im Programm

Kaulbach, Wilhelm von
Kaffee-Klexbilder – Humoristische Handzeichnungen

SEVERUS Verlag Hamburg 2019
44 Seiten, 14,8 x 21 cm

18,00 € (PB)
978-3-96345-145-4

Willkürliche Kleckser, Tierbilder, Sagen- und Mythenfiguren, bizarre Karikaturen – Kaffee ist nicht nur zum Trinken, sondern kann auch ganz ohne Worte viele Geschichten erzählen!

48 Zeichnungen sind das Ergebnis gemütlicher Plauderstunden des deutschen Malers Wilhelm von Kaulbach (1805–1874) und seiner Schüler Michael Echter (1812–1897) und Julius Muhr (1819–1865). Aus zufällig auf das Paper getropften Kaffeeklecksen entstanden wahre Kunstwerke.

Dieser Bildband, eines der ersten Bücher dieser Art, ist für Kaffee- und Kunstliebhaber ein doppelter Genuss.

Walther, Marcus
EspressoProsa. Klein. Stark. (Manchmal) schwarz

acabus Verlag Hamburg 2012
128 Seiten, 14 x 20 cm

12,00 € (PB)
978-3-86282-126-6

53 Kurzgeschichten to go

Was haben Espresso und Kurzgeschichten gemeinsam?
Beide werden ihrer Größe wegen – oder sollte man vielleicht eher sagen wegen ihrer geringen Menge – oft unterschätzt. Doch so wie in dem kleinen Tässchen eine geballte Ladung Koffein steckt, können sich selbst in der kürzesten Geschichte Universen auftun und sogar ganze Leben entfalten – manchmal braucht es nur eine Seite.
EspressoProsa ist die Fortsetzung von Kleine Scheißhausgeschichten und entfaltet ebenso wie sein Vorgänger Humor und Geistreiches über die Wunderlichkeiten des Alltags und der Welt. Kurzweilig, aber dennoch pointiert versüßen sie die eine oder andere Tasse Kaffee. Und auch wer Kaffee und Humor lieber schwarz genießt, wird auf seine Kosten kommen.

Pröpper, Lovica von
Der Kaffee- und Teetisch

SEVERUS Verlag Hamburg 2019
142 Seiten, 14,8 x 21 cm

32,00 € (HC)
978-3-96345-119-5

22,00 € (PB)
978-3-96345-120-1

Längst vergessene Rezepte aus alten Tagen, Ideen für den gemütlichen Nachmittagstee – dieses Werk weckt Erinnerungen an harmonische Kaffeekränzchen bei Großmutter auf dem Lande.

Die deutsche Autorin Lovica von Pröpper (1810–1898) verfasste zahlreiche Rezeptsammlungen und Kochbücher zu verschiedensten Anlässen. Stets offen für Neues, war sie eine der ersten, die das damals innovative Backpulver als „große Erleichterung" bewarb und in ihren Rezepten benutzte.

Von lokalen Schmankerln bis hin zu nationalen Spezialitäten – finden sich Inspirationen für jeden Kaffee- und Teeliebhaber!

Leseprobe

Der Kaffee- und Teetisch

Erste Servierkarte

Kaffee

Rheinische Neujahrsbrezel

Püffertchen

Hefebiskuit

Diplomatenpudding oder Reispudding

Glühwein

Schwarzbrottorte

Obst

Rheinische Neujahrsbrezel: Man nehme dazu ein Kilo Mehl, 45 Gramm Hefe, 250 Gramm zerlassene Butter, 60 Gramm Zucker, etwas Salz, vier ganze Eier und drei Tassen lauwarme Milch. Aus der Hälfte des Mehls setzt man mit der Hefe und der Milch einen Vorteig an und gibt, nachdem er gegangen, das Übrige hinzu, arbeitet den Teig so lange, bis er Blasen wirft, und stellt ihn zum abermaligen Gehen an die Wärme; bildet nun drei lange Streifen daraus, die zu einem schönen Zopf geflochten und auf einem mit Butter bestrichenen Backblech zu einer Brezel geformt werden, und wenn sie noch einmal gegangen ist, so bestreicht man sie mit verklopftem Ei und backt sie eine Stunde lang.

Besonders gut, wenn man sie nach englischer Art auseinanderspaltet, die Stücke über einem Roste röstet und warm mit Butter bestreicht.

Püffertchen: Man nehme sechs Eier, sechs Esslöffel feines Mehl, eine kleine Tasse Rahm, halb süß, halb sauer, Zucker, an dem Zitronen abgerieben worden, nach Geschmack und ein wenig Rum. Das Gelbe der Eier wird gut verrührt, dann mit dem Zucker noch etwas gerührt, hierauf Rahm und Rum und danach das Mehl hinzugeben und zuletzt das zu Schnee geschlagene Weiße der Eier, worauf man Schmelzbutter oder Butter in der Püffertchenpfanne (mit mehreren Vertiefungen) heiß werden lässt, in jede Vertiefung einen starken Esslöffel von der Masse gibt und auf beiden Seiten gelbbraun backt, mit Zucker bestreut und warm serviert.

Hefebiskuits: Man rühre 250 Gramm Butter leicht, dann acht Eidotter hinein und zwei Esslöffel Hefe, vier Esslöffel süßen Rahm, eine Handvoll gesiebten Zucker und 375 Gramm feines Mehl daran. Der Teig muss ganz leicht sein und wäre er noch ein wenig zu fest, so fügt man noch ein paar Esslöffel süßen Rahm hinzu, lässt dann den Teig gehen, tut ihn auf das mit Mehl bestreute Backbrett und rollt ihn fingerdick aus oder drückt ihn auch nur mit der Hand auseinander; schneidet ihn zu länglichen Stückchen, wie ein dickes Biskuit, legt sie etwas weit voneinander auf ein mit Mehl besätes Backblech, lässt sie wieder gehen und bestreicht sie mit verklopftem Ei, streut Zucker und Zimt darüber und backt sie langsam.

Diplomatenpudding: Man koche ¾ Liter Milch mit einer gespaltenen Stange Vanille eine Viertelstunde lang und rühre unterdessen zehn Eidotter mit 250 Gramm grob gestoßenem Zucker und einem Esslöffel Stärkemehl zu einer dicken Masse, gebe die Milch dazu und lasse es unter fortwährendem Rühren auf dem Feuer anziehen, gieße es durch ein Haarsieb und rühre es mit 30 Gramm aufgelöster Gelatine kalt. Dann werden 125 Gramm Korinthen und 125 Gramm kleine Rosinen (Sultaninen) rein gewaschen, 125 Gramm Sukkade fein geschnitten, dies alles in Zuckerwasser aufgekocht und kalt gestellt, und endlich 125 Gramm langes Biskuit auf eine Schüssel gelegt und mit Maraschino (durchaus kein andrer Likör) wohl angefeuchtet. Jetzt wird eine hohe, glatte Form (Puddingform) mit Mandelöl bestrichen, in Eis gestellt und von der Masse zwei querfingerhoch eingefüllt; dann, wenn es fest geworden, von dem Biskuit darauf gelegt, von den aufgekochten Zutaten der dritte Teil darüber gestreut und wieder von der Masse aufgegossen. Ist sie fest, so kommen wieder Biskuit und Zutaten, und so wird fortgefahren bis alles aufgebraucht, die Form voll und als oberste Lage mit Masse zugegossen ist, wobei man nicht versäumen wolle, bei jeder Lage zu warten, bis die Masse fest geworden ist, weil sonst die Biskuits alle in die Höhe kommen würden. Auch ist zu empfehlen, den Pudding den Tag vor dem Gebrauche zu bereiten. Man gießt, wenn er gestürzt ist, eine kalte Vanillesauce oder Rahmschnee mit Vanille darum, und es ist dieser Pudding einer der besten und feinsten, die es gibt und dabei doch kräftig, sodass er auch bei Herrn sehr beliebt ist.

Reispudding: Man koche 375 Gramm blanchierten Reis in Wasser dick und weich ein, doch darf er nicht verkochen; vermische ihn dann mit 375 Gramm geläutertem Zucker, einem starken Weinglas voll Arak und dem Safte und der an Zucker abgeriebenen Schale einer Zitrone und lasse es damit ein wenig anziehen, dass es gar keine Brühe mehr habe; spüle nun eine Form mit Arak aus, bestreue sie stark mit Zucker und fülle die Masse hinein, welche man am andern Tage stürzt und mit einer kalt bereiteten Sauce aus Johannisbeer-, Himbeer- oder Kirschensaft mit weißem Wein, Wasser, Zucker und etwas Arak vermischt, serviert, oder statt Sauce den Pudding mit einem Kranze von stark eingezuckerten Apfelsinenschnitzen umlegt.

Glühwein: Man nehme vier schöne bittere Orangen, ritze mit einem Messerchen, jedoch nur flach, von allen Seiten mit kleinen Schnittchen in die Schale und brate sie dann auf einem Roste über sehr gelindem Kohlenfeuer; mache nun kreuzweise tiefe Einschnitte hinein, tue sie in einen irdenen Topf, gieße zwei bis drittehalb Liter sehr guten Rotwein, am besten Burgunder, darüber und lasse dies wohl zugedeckt über heißer Asche vier bis sechs Stunden ziehen, damit die Orangen genugsam extrahiert werden, die man auch einige Mal mit einem

Löffel ausdrücken kann. Hierauf wird der Glühwein durch eine Serviette gepresst, mit 500 Gramm Zucker versüßt und recht heiß serviert. Man kann jede Orange mit ein paar Gewürznelken und einem Stückchen Zimt bestecken, doch wird der reine Orangengeschmack dadurch beeinträchtigt.

Einfacher, aber auch recht gut, bereitet man Glühwein, indem man auf dem Feuer fünftehalb Flaschen guten Rotwein mit 750 Gramm Zucker in Stücken, etwas Zimt und einem Fläschchen Bischofessenz, welches drittehalb Esslöffel hält, vermischt und es bis vors Kochen kommen lässt.

Schwarzbrottorte: Man röste 125 Gramm Schwarzbrot und stoße es fein, feuchte es mit etwas rotem Wein an und lasse es eben antrocknen; rühre dann zwölf Eidotter mit 375 Gramm fein geriebenem Zucker eine halbe Stunde und füge 250 Gramm fein geriebene, nicht abgezogene Mandeln, etwas abgeriebene Zitronenschale, etwas Sukkade, fein gestoßenen Zimt und Gewürznelken, das Brot, einen kleinen Guss Arak und zuletzt den Schnee von zwölf Eiweiß hinzu, backe die Torte etwa eine Stunde und gebe, wenn sie erkaltet ist, folgenden Guss darüber:

Man rühre 125 Gramm gesiebten Zucker mit einem Eiweiß recht lange und dann 30 Gramm fein geriebene Schokolade, etwas Zitronensaft und auch etwas Arak daran. – Sehr gut und kräftig.